TAKE 10
Libro de trabajo

Tabla de contenidos

Cómo usar este libro de trabajo

Hemos tratado de ofrecer muchas maneras de leer y utilizar este libro de trabajo para que esta información sea accesible para usted. Busque los iconos a la izquierda, estos sugieren una "inmersión más profunda" en el tema. El megáfono ilustra una llamada a la acción, algo que siempre hacemos al final de una capacitación. En Spirit in Action, la narración de historias es una forma importante de iluminar nuestras enseñanzas. A lo largo de este cuaderno va a encontrar historias de Linda Stout con un fondo morado. Hay espacios para escribir libremente, estos se indican con el icono del lápiz, y cuadros que puede rellenar. ¡Planteamos preguntas para que reflexione e incluimos citas de personas que nos inspiran! Esperamos que usted también se inspire.

Introducción al trabajo organizativo TAKE 10

En este libro de trabajo de TAKE 10, compartimos estrategias para fortalecer su propio trabajo organizativo alrededor de los problemas que afectan a su comunidad. Desde las metas hasta los mensajes y evitar el agotamiento, analizamos los desafíos a los que usted se puede enfrentar y le ayudamos a encontrar líderes y voluntarios y a ganar en los temas que más les importan. Los ejercicios están diseñados para ayudarle a pensar más profundamente en su trabajo organizativo y en cómo construir el liderazgo con un grupo de voluntarios involucrados y comprometidos. Como va a ver, todo puede empezar con diez personas a la vez.

El modelo de organización TAKE 10 comenzó en la década de 1990 en la zona rural de Carolina del Norte, donde fundé el Piedmont Peace Project [El Proyecto de Paz del Piedemonte — PPP, por sus siglas en inglés]. Diez personas a la vez, registramos, educamos y logramos que unos pocos cientos de personas realizaran su voto en el primer año hasta llegar a un total de 44,000 en cinco años.

En el primer año, PPP pasó de tener 1.5 empleados trabajando en un condado que llevó a unos pocos cientos de personas a las urnas, a tener 10 empleados que trabajaban en todo un distrito del Congreso cinco años después. Cada año identificamos a personas para que se ofrezcan como voluntarios y las capacitamos como líderes para que se unan a nuestra labor en torno a los temas que la comunidad ha identificado. El primer año, el trabajo de un voluntario consistía en registrar, educar y llevar a 10 nuevas personas a las urnas. En el segundo año se les enseñó cómo conseguir que 100 personas fueran a votar. Al capacitar a sus *10 personas* y a otras sobre cómo conseguir al menos *10 personas más*, tuvieron *100 votantes comprometidos*.

Crecimiento fuerte y sostenido

Seguimos haciendo crecer exponencialmente este modelo TAKE 10, sobre todo organizando a la gente de color para que acuda a las urnas el día de las elecciones. Este trabajo se incorporó a todas las partes de nuestro trabajo organizativo, y se ayudó a la gente a aprender sobre los problemas que afectan a las personas de bajos ingresos y pobres. Teníamos que darles un acceso equitativo en el proceso democrático, por lo que los votantes también deben sentir confianza en su conocimiento de los problemas y las soluciones que se verán afectadas por sus decisiones.

Con la combinación del trabajo organizativo y la educación popular, cambiamos el historial de voto de nuestro congresista del cero al 83% en temas de paz y hasta el 98% en temas de justicia social.

El PPP tuvo un impacto en las elecciones al Congreso y a nivel estatal y cambió el historial de voto de los funcionarios electos. Se convirtió en uno de los mayores grupos multirraciales del estado, construyó un poder de base al ganar en las cabinas de votación e hizo que los funcionarios rindieran cuentas. También empezamos a elegir a personas de color para los cargos locales por primera vez. Los supremacistas blancos, que habían controlado las oficinas de sus condados y ciudades, fueron desbancados. El PPP se convirtió literalmente en una amenaza al construir el poder en el pueblo.

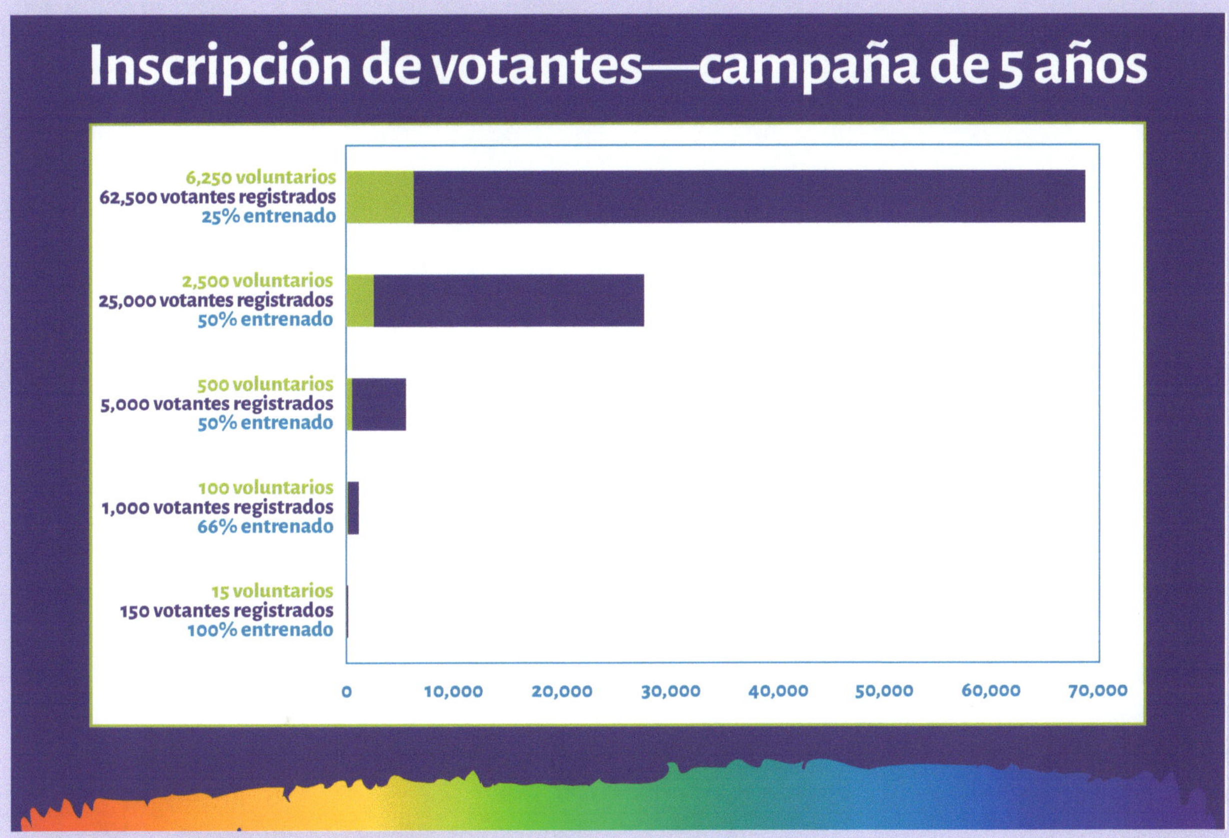

Más de 40,000 personas en las urnas fue mucho más efectivo que la enorme cantidad de dólares gastados por los que decían representarnos.

Impacto e influencia

Durante cuatro décadas hemos trabajado con otros grupos para hacer el mismo tipo de trabajo organizativo con base en las relaciones — lo que llamamos **"escuchar de verdad"** — y nació el nombre formal TAKE 10. En poco tiempo, como en la PPP, los grupos han descubierto que pueden expandirse enormemente. Lo mejor de este tipo de trabajo organizativo es la manera en que desarrolla el liderazgo, hace crecer una base de voluntarios y mantiene a la gente involucrada durante todo el año. No hay que reinventar la rueda del trabajo organizativo en cada elección ni empezar de cero, como hacen muchos modelos nacionales tipo Get-Out-the-Vote [Sal a votar].

TAKE 10 se basa en enseñar a la gente a ser líderes, a reclutar voluntarios, a educar a los votantes y a desarrollar la capacidad de escuchar profundamente y los contactos personales que mantienen a las personas motivadas y con energía a largo plazo. Desde Carolina del Norte hasta Maine, e incluso hasta Sudáfrica, el modelo TAKE 10 sigue siendo usado, tanto a nivel nacional como internacional.

Lo que se necesita para ganar es realmente muy simple. Es necesario contar con la gente, atraer a más personas, hacer que conozcan los problemas que afectan sus vidas, organizarse y luego pasar a la acción, 10 personas a la vez.

Paz, poder y amor,

Linda Stout
Fundadora y directora ejecutiva de Spirit in Action

1. Planificación con Metas SMART

Si no puede imaginar un mundo mejor, no puede crearlo. Si <u>puede</u> imaginar un mundo mejor, tenemos que tener una visión colectiva. Esto sucede cuando un grupo de personas, a través de una meditación guiada sobre un tema, imaginan un futuro juntos. Como muestro en mi libro, ***Collective Visioning*** [*Creación de una visión a nivel colectivo*], es el primer paso importante de cualquier labor para realizar cambios. Ayuda a las personas a pasar de estar atrapadas en los problemas a crear soluciones. Tanto las investigaciones de los expertos como mi propia experiencia demuestran que las organizaciones y las sociedades no prosperan sin una visión colectiva y positiva sobre el futuro.

¿Por qué hablamos de Metas SMART?

Cuando empecé a realizar labores organizativas, solíamos fijar muchas metas como parte de nuestra planificación, pero no siempre teníamos una forma de asegurarnos de que se pudieran cumplir, o incluso de que fueran realistas. A menudo nos sentíamos decepcionados cuando no cumplíamos todas nuestras metas. Entonces descubrí las Metas SMART.

Empezamos a utilizarlas como parte de los planes de trabajo que desarrollábamos para cada proyecto. He visto las Metas SMART presentadas de muchas formas diferentes y de muchas maneras. Pero a lo largo de los años, lo hemos hecho lo más sencillo y lo más relacionado con nuestro trabajo como ha sido posible. Recomiendo utilizarlos como una forma de asegurarse de que su organización tenga planes que sean **estratégicos**, **realistas** y **posibles**.

Soñar y tener una visión del futuro es estupendo, pero sin un plan, a menudo esta visión no se materializa con la misma rapidez o éxito. Una vez que haya definido la visión y las prioridades de sus metas de la organización y del programa, utilice esta manera de establecer metas para asegurarse de que sean eficaces. Esto le ayuda a rendir cuentas a su plan, a ser específico y a contar con una forma de evaluar su trabajo.

Preguntas para que se haga mientras trabaja en este ejercicio:

1. ¿Cómo contribuyen las metas individuales de su organización a las metas a nivel del estado o del grupo como colectivo?

2. ¿Y cómo ayudan a mejorar esas metas las campañas de captación de votos en general o el panorama de inscripción de votantes?

Una Meta SMART es: eStratégica, Medible, Alcanzable, Relevante y con un Tiempo límite

Una vez que entienda cómo hacer las metas, puede completar el plan de trabajo para cada una de las metas de su organización. Los grupos que han seguido este plan se han asombrado de lo que pudieron lograr.

S eStratégica	**M** Medible	**A** Alcanzable	**R** Relevante	**T** Tiempo límite
Declare lo que necesita hacer • Sea específico y claro • Use palabras de acción (¿quién? ¿qué? ¿dónde?)	Ofrezca una manera de evaluar • Averigüe cómo va a medir su meta • Use metas con números (¿cuánto? ¿cuántas?)	Debe estar dentro de su capacidad o la capacidad de la organización • Se puede realizar en el plazo previsto	Tiene sentido dentro de su vida • ¿Es realista? • Mejora su organización o su grupo (¿se ajusta a otras necesidades y esfuerzos?)	Indique cuándo lo hará • Sea específico en cuanto a la fecha o el plazo (¿cuándo? —crear algunos hitos.)

También uso este plan para mis metas personales y me ha resultado increíblemente útil para lograr aún más cosas de lo que creía posible. Cuando iniciamos con Spirit in Action en el 2000, teníamos Círculos en los que ofrecíamos a la gente una forma de crear una visión para sí mismos y luego les pedíamos que desarrollaran un plan. Varias personas contaron historias sobre como alcanzaron su meta. Una mujer en nuestros Círculos, Phyllis Labanowski, soñaba con ir a una academia de arte y creó su plan personal. Ahora utiliza su arte para trabajar por la justicia social.

¿Cuáles son las tareas necesarias para lograr la meta que nombró? *(Escriba cada tarea en una línea separada.)*	¿Cómo va a realizar cada tarea? ¿Qué va a hacer para lograrlo?
META #1	
META #2	
META #3	
META #4	
¿Cuáles son las tareas necesarias para lograr la meta que nombró?	¿Cómo va a realizar cada tarea? ¿Qué va a hacer para lograrlo?

¿Quién se encarga de cada tarea? ¿Quién más va a ayudar?	¿Qué recursos necesita para lograrlo (por ejemplo, capacitaciones, personal, investigación, dinero)?	¿Cómo va a conseguir estos recursos? ¿Qué va a hacer si no cuenta con todos los recursos?

Estas son algunas preguntas que debe hacerse cuando piense en su plan:

1. ¿Con cuántas personas va a realizar labor de alcance comunitario para el voluntariado y las capacitaciones?

2. Multiplique este número por 10 para obtener la cantidad de personas que espera que se inscriban para votar y acudan a las urnas el día de las elecciones.

3. ¿Cuántas personas quisiera que salgan a votar (por ejemplo, sus 100 personas recién registradas más otras de su comunidad objetivo)?

Pasos de acción

1. Voy a identificar a 10 voluntarios y organizaciones asociadas.

2. Voy a enviar un correo electrónico de seguimiento a al menos 100 personas de nuestra lista de correo y voy a identificar a 10 voluntarios.

3. Voy a identificar y contactar a 10 presidentes de una fraternidad o hermandad

4. Voy a identificar y contactar a salones de belleza y barberías para reclutar voluntarios.

RECURSOS

Utilice este enlace para imprimir un formulario "Sal a votar" de TAKE 10: bit.ly/3dNKWoW

GOTV/VR Planificación

Nombre: _______________

Meta: _______________

¿Cuáles son las tareas necesarias para lograr la meta que nombró? (Escriba cada tarea en una línea separada.)	¿Cómo va a realizar cada tarea? ¿Qué va a hacer para lograrlo?	¿Quién se encarga de cada tarea? ¿Quién más va a ayudar?	¿Qué recursos necesita para lograrlo (por ejemplo, capacitaciones, personal, investigación, dinero)?	¿Cómo va a conseguir estos recursos? ¿Qué va a hacer si no cuenta con todos los recursos?

2. Reclutamiento y retención de voluntarios

El ingrediente secreto del proceso TAKE 10 son los voluntarios. Para crecer a escala y llegar a muchos votantes, los líderes voluntarios son la clave. El primer año, se le enseña a los voluntarios a inscribir a la gente para votar y a llevar a los nuevos votantes y a otros a las urnas para las elecciones. Pero mantener a estos voluntarios involucrados y participando continuamente en la capacitación es esencial para multiplicar por 10 el número de personas en el siguiente ciclo electoral. En el año siguiente, sus 10 voluntarios aprenderán como enseñar a sus 10 votantes a hacer lo que hicieron en las elecciones anteriores. Aprenderán habilidades de capacitación y liderazgo.

La captación y retención de voluntarios es una herramienta esencial para desarrollar el poder para ganar en las problemáticas que afectan a nuestras comunidades. Aquí le mostraremos cómo puede aumentar el número de miembros de la organización, reclutar y empoderar a los líderes y, de este modo, empoderar a su comunidad.

Un lugar para todos

Recuerdo cuando tuvimos una gran reunión de miembros de la comunidad en el Piedmont Peace Project. Preguntamos quién estaba dispuesto a ofrecerse como voluntario para realizar inscripción de votantes. Algunas personas no levantaron la mano, así que les preguntamos qué querían hacer. Algunos se ofrecieron a cocinar la comida, cuidar a los niños, llevar a la gente a las urnas o ayudar de varias maneras.

Una mujer muy tímida, Ethel Brown, fue la última en levantar la mano y dijo que estaba dispuesta a hacer trabajo de jardinería y a ayudar a limpiar nuestra oficina. Le dimos la bienvenida y le agradecimos profusamente por ser nuestra "oficial de embellecimiento". Pero también la invitamos a asistir a una de nuestras primeras capacitaciones. Después del primer año, aceptó pedirles a 10 personas a que se inscribieran para votar y asegurarse de que fueran a las urnas.

En una celebración después de las elecciones, ella y todos los voluntarios recibieron un agradecimiento público y un certificado por sus logros. Al año siguiente, asumió un papel de liderazgo y aceptó capacitar a su propio grupo de personas para que hicieran lo mismo que ella. Llegó a convertirse en Capitana de bloque.

Más tarde me dijo que nunca se había imaginado a sí misma como una líder o alguien que pudiera hablar a los demás de la manera como lo hacía. (Me recordó a mí misma. También pensé que nunca podría llegar a ser una líder, y mucho menos una capacitadora o una organizadora.) Al acogerla y rendir homenaje a su primer, pequeño paso, pudo encontrar su voz y convertirse en una maravillosa capacitadora de voluntarios para nosotros.

Hay muchas historias como esta que puedo contar. No hay nada más gratificante que ver a alguien en este camino.

Preguntas para que se haga mientras trabaja en este ejercicio:

Piense en una ocasión en la que se haya sentido entusiasmado por ser voluntario, y otra ocasión en la que haya regresado para ser voluntario de nuevo.

1. ¿Qué tipo de cosas hicieron que fuera emocionante?

2. ¿Qué fue lo que le hizo regresar?

Tómese unos minutos para anotar sus respuestas.

¿Por qué es tan importante la retención?

Muchos esfuerzos de inscripción de votantes y de campañas de tipo "Sal a votar" comienzan con una campaña para una problemática en particular o una lista de personas que están en las contiendas. Una vez que la campaña gana o pierde, los voluntarios regresan a casa y allí se acaba todo. Pero, si se les mantiene involucrados a través de la celebración y la capacitación continua, estos voluntarios pueden involucrar a más personas durante la siguiente campaña. ¡La próxima vez, no va a empezar de cero!

A medida que crecía el número de voluntarios en el Piedmont Peace Project, y luego que el número de votantes también crecía, el PPP pudo recaudar más dinero y contratar más personal, lo que hizo que este modelo fuera viable. A los financiadores les encanta apoyar a una organización que está en crecimiento y acumulando victorias.

Entre otras cosas, la retención de voluntarios significa:

- Detener la alta rotación de personal en su organización.
- No empezar cada nueva campaña desde cero.
- Más personas que asumen papeles de liderazgo en su organización.
- Crear más inversión a largo plazo en su organización.
- Desarrollar capacidad para lograr cambios reales.
- Que los voluntarios estén conectados con su organización y no sólo con una problemática, una campaña o un organizador individual.
- Varias personas con un conocimiento histórico de su organización y/o campañas.
- Crecimiento continuo de su organización y de la influencia que ejerce.

Pasos de acción

Considere estas preguntas y agréguelas a su plan de trabajo:

 ¿Cómo se recluta?

 ¿Cómo vemos a estos voluntarios como líderes potenciales?

 ¿De qué público quiere reclutar voluntarios?

Un año hicimos tarjetas de calificaciones de dos senadores que se presentaban a las elecciones, con un tamaño de dos metros, sobre los temas que más preocupaban a las personas. Debido a que mostramos ambos candidatos, nos mantuvimos dentro de nuestro estatus educativo sin fines de lucro, pero la gente podía tomar sus propias decisiones al ver cómo habían votado e iban a votar estos hombres y mujeres.

Las personas que participan en las capacitaciones de TAKE 10 reclutaron voluntarios principalmente de comunidades de color, como:

- Iglesias (le pedimos a alguien conocido en la iglesia que haga un anuncio y reparta tarjetas de reclutamiento de voluntarios, puede consultar los Recursos más abajo
- Salones de belleza y barberías
- Afuera de las tiendas donde la gente hace sus compras
- Poniendo volantes en las bolsas de comida que se reparten
- Mercados de agricultores
- Hermandades y fraternidades
- Amistades, familia y vecinos
- Niños y jóvenes — de 6 a 17 años

¿¡Qué!? ¿¿Niños y jóvenes?? Sí. Reclutar a niños y jóvenes para que vayan de puerta en puerta en campañas de tipo "Sal a votar" ha sido una de las acciones más poderosas que la gente ha realizado. Imagínese a un niño de seis años que llega a su puerta y le dice, "Soy demasiado joven para votar, pero ¿podría votar por mi futuro?" Luego repartirían información sobre cómo votar y a dónde llamar para que los lleven a las urnas. Los niños y jóvenes normalmente realizaban esta labor durante el fin de semana antes de las elecciones.

RECURSOS

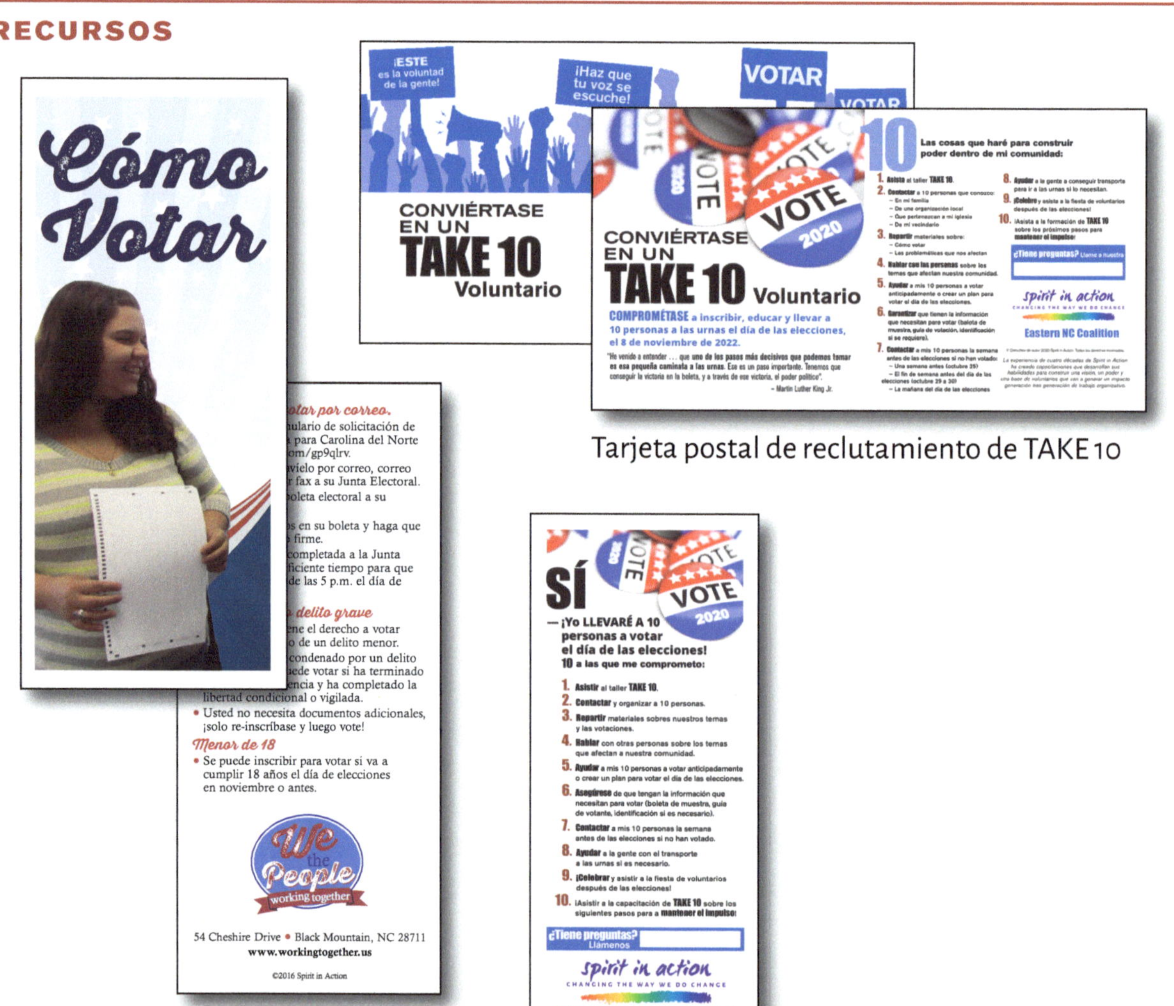

Tarjeta postal de reclutamiento de TAKE 10

Folleto sobre "Cómo votar"

Tarjeta de compromiso de TAKE 10

Algunas mejores prácticas para el reclutamiento de voluntarios

Ponga en práctica el desarrollo profundo de relaciones

1. Si alguien siente que no tiene el conocimiento o la experiencia para hacer algo como esto, asegúrese de recordarle que todos empezamos así, y que habrá una capacitación para ayudarles a saber lo que deben hacer. Afírmele que cualquier persona es capaz de hacerlo.

2. Invite a los voluntarios a participar de manera activa. Comunique a las personas que pueden empezar en cualquier nivel. Si no desean realizar inscripción de votantes, pregúnteles si quieren hacer otra cosa, como cuidar niños, brindar comida o llevar a la gente a votar el día de las elecciones.

3. Colabore estrechamente en la toma de decisiones importantes. Participar en las decisiones, incluso en las más pequeñas, permite que las personas sientan pertenencia hacia la organización.

4. Realice seguimientos individuales con los voluntarios. Cuando el grupo sea mayor de 10 personas, busque otro voluntario que esté entusiasmado por dar seguimiento a los demás.

Construir el trabajo juntos

1. Pida a las personas que han sido voluntarias a que le ayuden a pensar qué hacer durante la celebración al final de la campaña. Pídales contar su primera experiencia de voluntariado para inspirar a un nuevo grupo de voluntarios.

2. Ofrezca continuamente oportunidades de aprender algo nuevo. Esto es fácil ya que hay mucho que aprender sobre los candidatos, sobre cómo hacer el siguiente paso de "Sal a votar" o cómo reclutar a los jóvenes.

3. Realice un seguimiento de la participación de los voluntarios a través de una base de datos. Es muy importante saber lo que cada voluntario hace, se compromete a hacer y logra. Es la única manera de asegurar que la gente siga participando y regrese.

4. Participe de sesiones de educación política. Mucha gente no entiende lo que implican los puestos por los que votan. Es importante que la gente aprenda cuáles son los temas y por qué es tan importante trabajar en las elecciones.

¡Asegúrese de divertirse!

Al final de cada sesión ponga música y baile, u organice un juego con premios. Siempre tenga un elemento de diversión en cada capacitación y reunión. ¡Incluso puede pedir a los voluntarios que aporten ideas!

3. Educación popular

¿Ha asistido a alguna reunión o capacitación en la que ha sentido que no sabía lo suficiente o que su aporte no era válido? ¿Cómo lo hizo sentir eso?

En este ejercicio, centramos y valoramos las experiencias de los participantes y mostramos cómo se pueden utilizar los métodos de educación popular para trabajar sobre las problemáticas con la gente de su comunidad, partiendo de lo que ya se sabe.

No soy yo

Cuando empecé a hacer trabajo organizativo en la zona rural del Piamonte de Carolina del Norte, tuve algunas malas experiencias en las capacitaciones de trabajo organizativo, me sentía "estúpida" porque no conocía las palabras, los términos o las teorías que se utilizaban en la universidad. Entonces, decidí que debía organizar a la gente pobre que hablaba como yo.

Desde el principio, les dije a todos que podíamos ser educadores en función de nuestra propia experiencia. Hablaba con Dan Petegorsky, del Peace Development Fund [Fondo para el Desarrollo de la Paz], que era brillante sobre problemáticas federales y los proyectos de ley que se presentaban en el Congreso. Él los desglosaba y los explicaba para que yo pudiera entenderlos. Luego yo lo traducía a la forma de hablar de nuestra gente. Juntos, averiguábamos cómo encaja la información en nuestras vidas y en las acciones que emprenderíamos.

Nunca supe que lo que estaba haciendo se conocía como "educación popular" hasta que otros se interesaron en nuestros logros, en lo que hacíamos y las maneras en que nos organizábamos, especialmente a nivel federal. La gente me preguntaba si había leído el libro de Paulo Freire, *Pedagogía del Oprimido*, respondí que no, y eventualmente llegó a mis manos un ejemplar del libro del educador brasileño. Intenté leerlo, pero estaba escrito en un lenguaje pesado y académico. Así que me rendí y lo dejé de lado. Muchos años después, tras convertirme en la directora del Peace Development Fund, mi personal y yo lo leímos como grupo de estudio. Por fin entendí lo que él decía: "El propósito de la educación es liberar el potencial humano y, por tanto, es mucho más que un maestro que simplemente deposita información en la mente de un alumno".

Esta filosofía a menudo es difícil de entender, pero como personas de bajos ingresos, naturalmente hemos gravitado hacia esta forma de aprender y trabajar para potenciar la voz de todos. Aportamos nuestras propias experiencias vividas al trabajo y, con la nueva información, descubrimos cómo utilizarla y establecer conexiones que tuvieran un significado para nuestras vidas.

Los valores de la educación popular

- Todas las personas son expertas.
- Todos somos expertos de nuestras propias experiencias.

Todos tenemos algo de valor para agregar.

De la información a la acción

Muchos de nuestros miembros sirvieron en el ejército o formaron parte de la Guardia Nacional. Cuando aprendimos más sobre el presupuesto federal y de cuánto dinero se gastaba en el ejército, comprendieron el despilfarro y lo ridículo que era tener la capacidad nuclear de destruir el mundo varias veces. Como Fort Bragg estaba en nuestro distrito, y como otra empresa del distrito fabricaba portadores para misiles MX, mucha gente conocía de primera mano ese despilfarro. Recuerdo una en particular, una mujer que sabía, gracias a su hijo enlistado, cuánto se gastaba en un asiento de inodoro—¡más de 600 dólares!* Otro de nuestros miembros que vivía en un trailer de mala calidad señaló, "El ejército gasta más en alojar los misiles MX que en alojar a las personas".

A raíz de estas reflexiones y de los hechos, nuestra gente fabricó un misil militar en madera que llevamos a las escaleras del Capitolio en Washington, D.C. para una conferencia de prensa. La gente testificó que vivía en viviendas que estaban por debajo de la norma, sin servicio de agua potable. Luego, el misil de dos metros (que era como un juguete tipo Transformer) se plegó hasta convertirse en una linda casita, con flores al frente y ventanas diminutas. Las fotos de la conferencia de prensa aparecieron en muchos periódicos nacionales y nuestro congresista cambió su voto de apoyo a los misiles MX.

A mí, como organizadora, nunca se me habrían ocurrido estas ideas. Fueron las personas de nuestro grupo las que utilizaron sus propios conocimientos y experiencias para dar rienda suelta a una creatividad increíble. Puede que no tuviéramos estudios universitarios, pero la gente era más extraordinaria y creativa cuando se les permitía creer que eran tan inteligentes como cualquier otra persona.

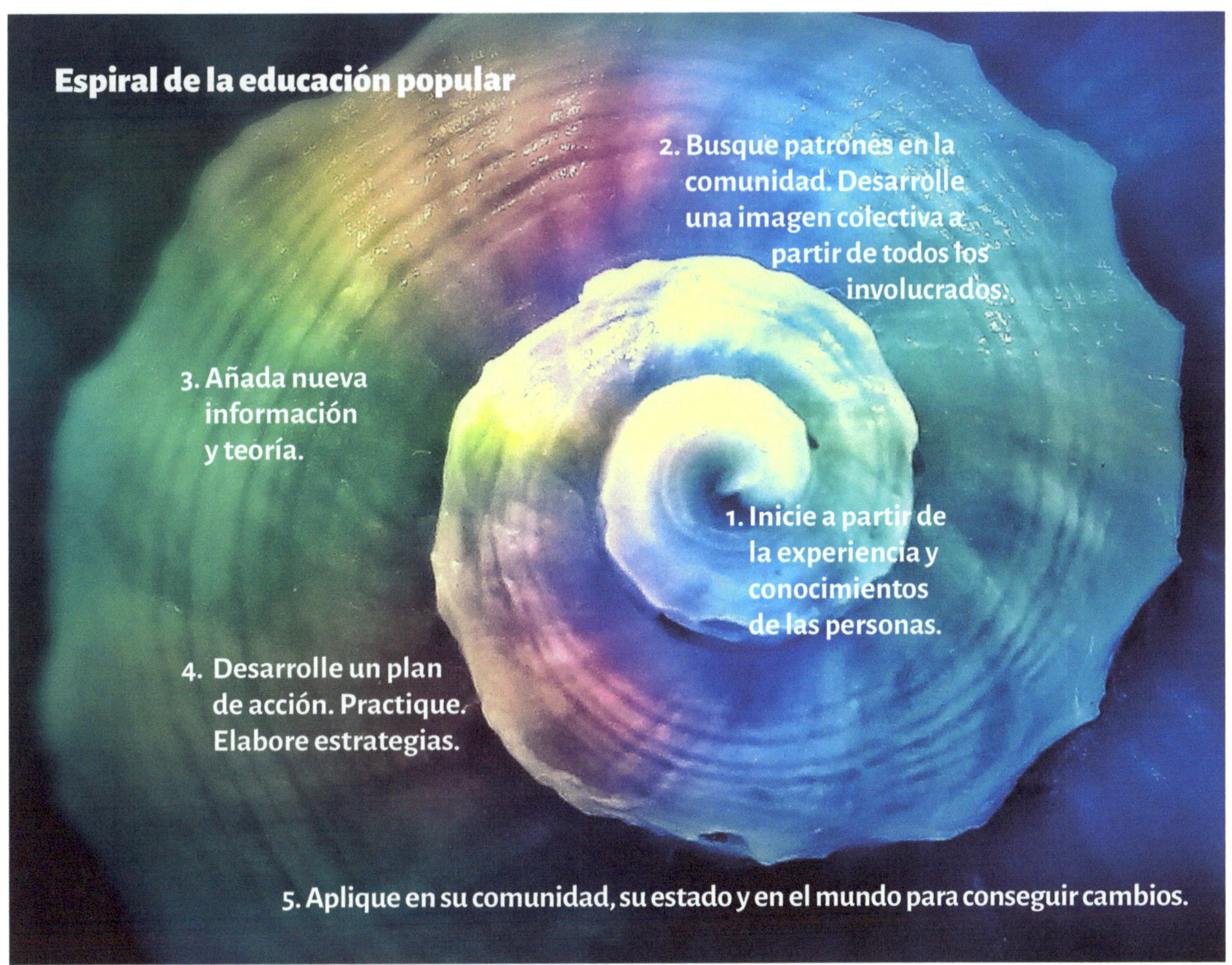

* www.latimes.com/archives/la-xpm-1986-07-30-vw-18804-story.html

Un resultado más

Algo sorprendente que aprendió PPP fue que sus materiales "sencillos" eran a menudo más atractivos a la gente educada de la clase media. En ese entonces, la campaña antinuclear Freeze comenzó a descubrir que los folletos de fácil lectura de PPP, que explicaban la manera en que el ejército gastaba el dinero de los impuestos y lo relacionaba con las necesidades de la gente, atraían más miradas que los materiales más complejos que Freeze había estado utilizando.

Por esta razón, enseñamos a los nuevos líderes a utilizar la educación popular en su organización. Funciona porque:

1. Todos somos maestros y estudiantes.

2. El organizador puede dar información nueva a un grupo, pero deja que el grupo la interprete y descubra cómo actuar sobre ella.

3. Empoderamos a todos a que hablen y participen. Aunque muchas personas no contribuyen al principio, después de unas cuantas capacitaciones, y de que se les anime y se les pida cada vez que hablen, empiezan a participar, y eventualmente se convierten en líderes.

4. Las personas con formación universitaria, de clase media y adinerada, a menudo tienen que desaprender las maneras en que se les ha educado para enseñar y volver a aprender para utilizar los métodos de la educación popular

Preguntas para que se haga mientras trabaja en este ejercicio

A lo largo de este ejercicio partimos de su experiencia:

1. ¿Dónde o cómo hizo esto?

2. ¿Cómo puede utilizar sus experiencias en los talleres para idear sus propios planes de clases de talleres?

3. Al tratar de enseñar a sus voluntarios el modelo TAKE 10, ¿Alguna de las experiencias de estos voluntarios le puede servir de inspiración para sus clases y materiales?

Estilos y preferencias de aprendizaje

Las preferencias en la forma de recibir la información llevan a las personas a aprender de diferentes maneras. A menudo, nos sentimos más cómodos enseñando de la manera en que nosotros mismos aprendemos. Lo más frecuente es que la gente enseñe por medio del habla, como nos enseñaron a la mayoría de nosotros en la escuela. Sin embargo, el consenso entre los académicos es que las personas no tienen un solo estilo de aprendizaje. Dependiendo del tema, pueden tener varios estilos de aprendizaje en juego.*

Como líder, debería ser capaz de trabajar con la gente por medio de las muchas maneras en que las personas aprenden. Piense en la manera en que usted intenta aprender algo nuevo. ¿Aprende escuchando? ¿escribiendo? ¿haciendo? ¿preguntando? ¿o de alguna otra manera? ¿o alguna combinación de estas?

Ejemplos de actividades de aprendizaje

Actividad	Estilo de aprendizaje
Brindarles una visión general de la capacitación	Verbal
Juego de roles y práctica	Experiencial/social
Desarrollar la energía	Social
PowerPoint/organigrama para mostrar cómo funciona	Visual
Llevar un diario	Solitario
Mostrar gráficos	Matemático

1. Piense en los distintos estilos de aprendizaje dentro de su grupo. ¿Cómo se cambia lo que se dice para hablarles (o para encontrar soluciones para ellos)?

2. Usted puede:
— Hacer preguntas (respuestas de forma verbal).
— Presentarlo por escrito (comparta la pantalla) y dejar que la gente lo lea primero (visual).
— Permitir que practiquen entre ellos en grupos pequeños (experiencial).
— Permitir que aprendan los unos de los otros (social, varios estilos de aprendizaje utilizados).
— Compartir materiales (visual).

3. ¿Existen patrones de estilos de aprendizaje preferidos dentro de su grupo? ¿Es diferente para los números o las ideas?

RECURSOS

Folletos y hojas informativas de fácil lectura del Piedmont Peace Project.

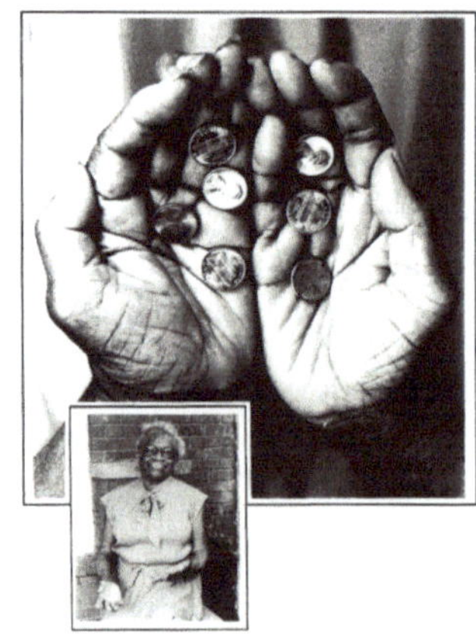
"Nuestro gobierno se gasta solo 7 centavos de cada dólar de impuestos en el cuidado de salud …"

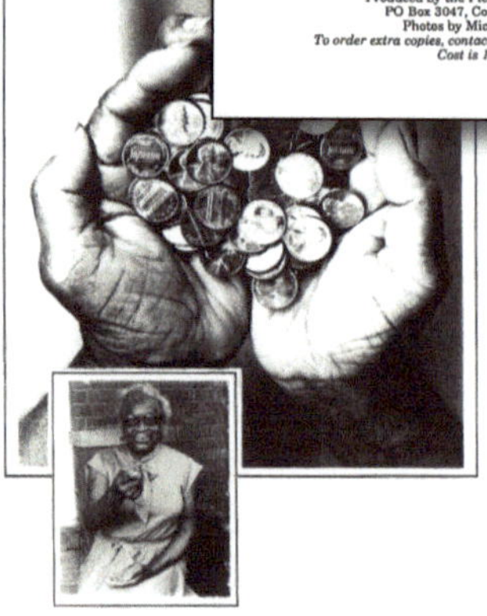
"… Se gasta 57 centavos en las fuerzas armadas".

4. Capacitación de voluntarios

Todos hemos ido a muchas, muchas capacitaciones. Algunas nos gustaron, y otras las descartamos; algunas otras queríamos cambiarlas y hacerlas nuestras. Hay muchas lecciones que podemos sacar de nuestra experiencia y utilizarlas en la planificación de nuestros propios talleres.

¿Usted cómo va a capacitar?

A lo largo de mi carrera, he facilitado cientos de capacitaciones y talleres en todo el mundo, diseñados específicamente para crear un movimiento positivo y un cambio en las personas, las organizaciones, las comunidades y las escuelas. Intento diseñar capacitaciones que nos ayuden a darnos cuenta de lo que podemos hacer ahora, en el entorno político actual. Quiero que la gente escuche y responda a la realidad de los problemas a los que se enfrenta, y que adquiera las habilidades y herramientas que necesita para una sociedad en constante cambio.

Pero las capacitaciones también me han mostrado que no tengo todas las respuestas, y que se trata de una colaboración entre los participantes y yo. No importa cual sea la forma que elija para hacer la capacitación, es necesario que esté dispuesta a improvisar y a encontrar nuevos caminos que no haya utilizado antes para llegar a nuevas personas.

Hace algún tiempo, me pidieron que dirigiera un taller para comunicadores de medios a última hora. Mientras conducía hacia el taller, me pregunté por qué había aceptado, no tenía ni idea de lo que iba a hacer con estos experimentados comunicadores.

Llegué con pánico, pero entonces vi un jardín lleno de piedras de río. Recogí un montón de piedras en mi camisa, con la intención de devolverlas todas al final del taller.

Cuando el grupo llegó a mi taller, les pedí a todos que eligieran tres piedras y que pensaran en tres peldaños, o acontecimientos en sus vidas, que les llevaron al trabajo que estaban haciendo en ese momento por la justicia. A continuación, la gente se dividió en pequeños grupos de cuatro, con 15 minutos cada uno para contar sus historias.

Después, muchos participantes hablaron de lo poderoso que fue para ellos escucharse unos a otros y contar sus propias historias. Una mujer preguntó si podía llevarse las piedras a casa para contarle estas historias a su marido, con quien se había casado hace 30 años, y a su familia. Nunca había compartido con ellos los acontecimientos formidables que le habían cambiado la vida.

Contarnos nuestras historias es una de las cosas más poderosas que podemos hacer para organizarnos de manera plena y profunda. Resalta la importancia de nuestro trabajo de una manera a la que la gente se puede conectar y entender.

Y para que conste, devolví las piedras al jardín al final del taller, ¡con la excepción de algunas de ellas que la gente se llevó a casa!

Piense en capacitaciones a las que ha asistido.

 ¿Qué le gustó?

 ¿Qué quiso haber cambiado?

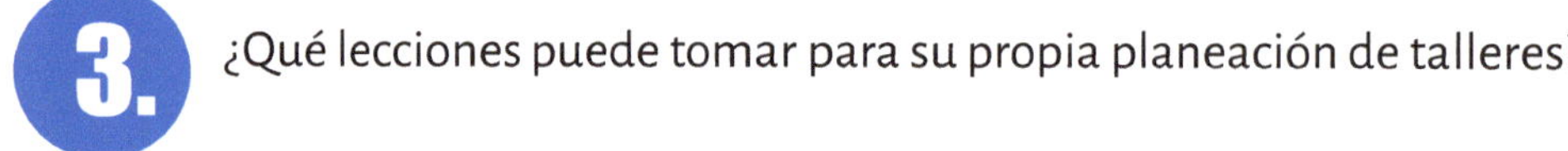 ¿Qué lecciones puede tomar para su propia planeación de talleres?

Puede que quiera consultar la capacitación anterior sobre la Educación Popular y sus reflexiones sobre los estilos de aprendizaje en este libro de trabajo.

Aperturas intencionales

Tanto si se trata de una formación presencial como virtual, tómese siempre el tiempo necesario para comenzar con una apertura. Puede que se sienta apurado por lograr algo y quiera llegar a la parte principal del tema, pero ¡espere un momento! Al igual que las primeras impresiones, la calidad de la apertura puede marcar el tono de todo el taller. Al acoger y reconocer a todos, permite que cada persona esté presente de manera plena.

A veces pedimos a las personas que se presenten (si no se conocen) y que digan cómo se sienten, para que puedan aportar todo su ser a la reunión. Puede que tenga que limitar la respuesta a "¿cómo se siente?" a una frase o palabra, a menos que tenga mucho tiempo. Por ejemplo, después de decir su nombre, pronombre y organización, hemos pedido a las personas que den un "pronóstico del tiempo" sobre cómo se sienten. Nos han contestado: soleado, parcialmente nublado, como un tornado, tempestuoso y, ocasionalmente, con truenos y relámpagos.

Desarrolle la confianza y su equipo

Lo hacemos por medio de historias (como el uso de los peldaños), hablando de algo que nos inspira, o pidiéndoles que compartan algo que les haya llamado la atención durante la semana pasada. Dependiendo del tiempo del que disponga, o si realiza más de un taller, puede empezar a ayudar a las personas a sentirse seguras entre sí y a depender de la ayuda de los demás. Muchos de nuestros compañeros se unieron para hacer la capacitación con otra persona del grupo.

Haga seguimiento con los voluntarios de forma regular, normalmente semanal. Asegúrese de que entienden lo que están haciendo o pregúnteles si tienen alguna duda. Es importante mantener un registro de cada voluntario con su número de teléfono, direcciones y las mejores horas para llamar, enviar mensajes de texto o correos electrónicos. Anote siempre a lo que se han ofrecido a hacer como voluntario y cuándo. Asegúrese de que los voluntarios puedan conocer al personal y a los líderes de su organización; a menudo esto sucede en las celebraciones (véase el capítulo anterior, "Celebración: Reflexiones finales").

Materiales e información

Los voluntarios necesitan recursos para reclutar a otras personas, como tarjetas postales de inscripción de votantes y tarjetas de compromiso, volantes sobre cómo votar y otra información. Si no está trabajando en la inscripción de votantes y en la campaña "Sal a votar" y, por lo tanto, no usa la tarjeta de compromiso, entonces tenga a la mano otra cosa que describa lo que se le pide a los voluntarios. Ofrezca una descripción del puesto de trabajo que se presente de forma interesante (ver "profundización" de este capítulo).

Tareas y evaluaciones

Finalice cada capacitación con una tarea, a menudo un compromiso de lo que cada persona va a hacer esa semana. Por último, pida a los asistentes que describan un deseo o enseñanza que hayan sacado de la sesión. Cada cierto tiempo, pedimos una evaluación de nuestras capacitaciones mensuales, invitamos a las personas a que nos digan qué les ha gustado de nuestra capacitación y qué mejorarían. A veces esto se hace de forma verbal o en una llamada de Zoom, pero también nos gusta repartir (u ofrecer un enlace a) un cuestionario que la gente pueda completar de forma anónima.

Pasos de acción

1. Piense en esto: cuando empiece una capacitación, ¿qué es lo primero que haría con su grupo?
— Aperturas (poemas, oraciones, meditaciones, canciones)
— Presentaciones que empiecen con una pregunta

2. Escriba durante unos minutos y luego describa tres formas en las que comenzaría una capacitación.

1. ¿Qué le gustó sobre la capacitación?

2. ¿Qué quisiera que se mejore sobre la capacitación?

3. ¿Cómo le fue al capacitador? ¿Qué se puede mejorar de su estilo de capacitación?

4. ¿Cómo funcionó la tecnología para usted (si la capacitación se realizó por videoconferencia)? ¿Cómo se podría mejorar?

5. ¿Qué le diría a un colega sobre esta capacitación y por qué (o por qué no) debería participar?

Ideas sobre que incluir en una descripción de cargo

Cuando escriba sus propias descripciones de cargos, póngase en el lugar de un voluntario y pregúntese qué es lo que quisiera saber. A continuación, hay algunos elementos para su consideración:

1. Misión. Los voluntarios quieren saber su misión. Indique la idea básica de su trabajo en una frase memorable, como: "Salvar la vida en la Tierra" (Centro para la Diversidad Biológica).

2. Proyecto o cargo. Describa la meta del proyecto o cargo de voluntariado y explique cómo contribuye a su misión.

3. Beneficios que los voluntarios van a recibir. Incluya: aprender nuevas habilidades, hacer nuevos amigos, divertirse mientras se marca la diferencia.

4. Tareas. Describa exactamente lo que quiere que haga el voluntario. Enumere tareas específicas.

5. Habilidades deseadas. Incluya tanto las destrezas particulares, como redactar o hacer llamadas telefónicas, como las aptitudes interpersonales que son útiles en esta labor, como una buena comunicación.

6. Entorno. Describa donde va a trabajar el voluntario: al aire libre, en su sede principal, por fuera de las oficinas, de puerta en puerta en la comunidad.

7. Horario y nivel de compromiso. Responda preguntas comunes: ¿Cuánto tiempo va a durar este compromiso? ¿Cuántas horas por semana? ¿Puedo determinar mi propio horario? ¿El trabajo requiere más tiempo durante ciertos meses del año, como el día de las elecciones? ¿Hay eventos con fecha específica o los plazos de proyectos en este trabajo?

8. Capacitación y supervisión. Describa el grado de instrucción necesaria para realizar el trabajo, ya sea formal o informal, y quién va a supervisar.

9. Evaluación. Describa por adelantado cualquier comprobación de antecedentes o evaluaciones requeridas para los voluntarios (para los que trabajan con niños o con subvenciones del gobierno)

¡Sea creativo! Haga un volante con un logo, en el que muestre fotos de voluntarios trabajando, reuniones o celebraciones para promocionar sus puestos de voluntariado.

5. Cómo elaborar su mensaje

Cuando la gente abre su puerta y usted simplemente dice: "Vengo a inscribirlo para votar", a menudo le cierran la puerta en la cara. Casi nadie lo hace si usted dice: "Estamos aquí para hablar de su comunidad y escuchar sus preocupaciones".

Su mensaje tiene que venir de lo que le importa a la gente de la comunidad. Hay una forma sencilla de averiguar la respuesta a esto. ¡Pregunte!

Vaya de puerta en puerta y pregunte a la gente qué les gusta de su comunidad y qué cambios les gustaría ver. Cuando se escucha a las personas en lugar de decirles algo, están mucho más dispuestas a participar. A continuación, pida a la gente que acuda a una reunión para hablar de los temas que les preocupan.

Ahí es donde consigue que la gente se ponga de acuerdo en dos o tres mensajes. A menudo trabajábamos con la gente para investigar, por ejemplo, sobre los presupuestos o los registros de votación, y luego proponíamos soluciones. Es entonces cuando se habla de la importancia del voto y de cómo puede ser una fuerza de cambio. A partir de ahí, la gente le ayuda a desarrollar un mensaje

El poder de preguntar

En relación a las inscripciones de votantes y las campañas "Sal a votar" en el Piedmont Peace Project, nos dimos cuenta de que la mayoría de la gente de nuestra comunidad no sentía que tuviera poder alguno o que votar supusiera una diferencia para ellos. Comprendieron que eran pobres y por eso nada cambió para ellos, sin importar quién estuviera en los cargos públicos.

Teníamos que ayudar a la gente a superar su desesperación y a entender lo que podía hacer el voto. Comenzamos a incluir la inscripción de votantes como parte de todo lo que queríamos lograr.

Si hablamos de nuestros hijos y de la educación, hablamos de la importancia de elegir un consejo escolar que refleje nuestros deseos. Cuando hablamos de los programas Head Start, ayudamos a la gente a entender los obstáculos, en este caso, los comisionados del condado que controlan el presupuesto.

Aunque Head Start se financiaba a través del gobierno federal, el condado tenía que pagar por un lugar donde realizarlo. La gente de la comunidad pidió al condado que gastara 20,000 dólares en una iglesia abandonada para convertirla en un centro Head Start. La respuesta era siempre que no había suficiente dinero en el presupuesto.

Le pedimos a la gente de la comunidad que examinaran el presupuesto. Se enteraron de que este condado había gastado 10 millones de dólares en la construcción de un nuevo estadio de fútbol americano en una escuela secundaria de clase media y de estudiantes blancos. Gastó un millón de dólares al año por las flores a la entrada de la ciudad durante los torneos de golf. Cuando preguntamos por qué el condado no iba a gastar unos 20,000 dólares en un local para Head Start, un hombre mayor se recostó en su silla y dijo: "Bueno, supongo que no tendrían suficientes asistentes de golf o personal de servicio". Después de eso, la comunidad desafió a los comisionados del condado. Hicimos una rueda de prensa en el que se mencionaron las flores y el estadio de fútbol, y recibimos el dinero para Head Start.

Empezamos a elaborar unos volantes sencillos que destacaban las necesidades de la gente en torno a vivienda, alimentación, medicamentos, educación, cuidado de los niños, etc., y luego identificamos los elementos presupuestarios, tanto locales como federales. Dijimos que podían cambiar todo esto por medio del voto. La gente empezó a darse cuenta de que si no ejercía el poder de voto que tenía, nadie le haría caso. Cuantas más personas inscribíamos para votar, más políticos empezaron a venir a la comunidad para hacer campaña. ¡Los candidatos tuvieron que escuchar a personas mucho más informadas sobre las problemáticas de lo que estaban acostumbrados a escuchar!

Preguntas para usted mientras trabaja en este ejercicio:

1. ¿Por qué es importante votar?

2. ¿Cómo marca una diferencia? ¿Puede dar un ejemplo?

3. ¿Por qué es importante que los mensajes provengan del grupo o de la comunidad?

4. ¿Por qué es diferente cuando el mensaje proviene de sus voces y utilizan imágenes de la gente local?

5. ¿Cómo marca una diferencia la construcción de poder a través de la votación?

Palabras y significados

El lenguaje y las palabras que utiliza la gente son muy importantes. Un año estuve trabajando con una clase en una universidad local. Salían a la comunidad a escuchar a la gente para determinar lo que tenía que ir en el folleto de cómo votar. Cuando llegamos al último paso de la redacción del folleto, la clase no estaba de acuerdo sobre si se "alimenta" la papeleta a la máquina o se "inserta" la papeleta en la máquina. Me di cuenta, siendo yo mismo de la comunidad, que probablemente ninguna de esas palabras era correcta. Si se "alimenta" algo a una máquina, ¡eso significa que la máquina se lo come!

Pedí a los alumnos que volvieran a salir, mostraran a la gente un billete de un dólar y les preguntaran qué tenían que hacer con el dólar para sacar una Coca-Cola de una máquina expendedora. Toda la gente de la comunidad respondió: "¡Uno pone el dólar en la máquina!" Así que escribimos: "Ponga su boleta en la máquina".

Esto parece un cambio menor, pero la forma en que la gente entiende las cosas y la terminología local es de suma importancia.

Mensajes efectivos con base en las problemáticas

Piense sobre su familia. Haga una lista con sus nombres, edades, raza, clase y si han votado antes.
Haga lo mismo para su organización o su comunidad a nivel general.

Nombre	Apellido	Edad	Raza	Clase	¿Ha votado antes? (Si/No)	¿Es probable que vote esta vez? (Si/No)	¿Por qué sí o por qué no?

Observe si las respuestas para cada grupo de personas son las mismas o no. ¿Puede identificar alguna
tendencia o patrón? ¿Cuáles mensajes diferentes podríamos usar para cada uno de los grupos?

Ser conscientes de las diferencias y circunstancias

Aunque hay diferentes formas de decirlo en las distintas comunidades, si la gente de nuestras comunidades
decía "no veo mucho", la mayoría de las veces significaba que no sabía leer. Respondíamos, "Está bien. ¿Estaría
dispuesto a asegurarse de que las fotos cuentan la historia?" y la gente normalmente aceptaba. Al involucrar
a todo el mundo en el proceso y utilizar fotos de la gente de la comunidad, se convirtieron en nuestros mayores
promotores para distribuir los materiales y pedir a la gente que votara. Estaban comprometidos y
comprendieron los materiales de una manera profunda.

Aun cuando la gente se inscribía, a menudo no iba a votar. De nuevo, a veces esto se debía a la sensación de no
tener poder, pero también aprendimos que la gente a menudo le tenía "miedo" al proceso, por diferentes razones.

Algunos no sabían leer y se avergonzaban de decirlo. Siempre nos aseguramos de que la gente supiera que
podía tener a alguien que los acompañara para ayudarles, un familiar o incluso alguien de la organización
si lo deseaban.

Otras personas simplemente tienen miedo, y con buena razón. En las últimas elecciones, vimos camionetas
con banderas confederadas, llenas de supremacistas blancos, a menudo portando armas automáticas en
los lugares de votación. Esta es otra de las razones para animar a la gente a votar por correo o a votar
anticipadamente en la oficina electoral. Averigüe dónde están los lugares más seguros y tenga la disposición
de llevar a la gente hasta allá.

Algunas personas tenían miedo del proceso; así que, junto con otras personas de la comunidad, elaboramos
un folleto sobre "cómo votar". El folleto guiaba a la gente local a través de un proceso de votación "simulado"
que se adaptaba a cada condado: a quién llamar para que lo lleve al lugar de votación, lo que se le iba a
preguntar, la identificación que podría necesitar, las fechas para votar, el voto anticipado y cómo hacer la
votación por correo.

Haga una lista de las problemáticas que afectan a su comunidad.

Escoja un tema.

Elabore un modelo de un nuevo mensaje basado en una problemática. Puede ser un volante (impreso y/o digital), un meme, una valla publicitaria o un anuncio de servicio público para un programa de radio o un podcast.

¿Puede adaptar el mensaje a otros medios (prensa, televisión, radio, redes sociales)?

Mensaje: Por qué inscribirse, por qué votar

Para las inscripciones
- Temas de importancia para la gente de la comunidad
- Temas en los que está trabajando su organización

Para la votación
- Cuente una historia inspiradora
- Mensajes especiales para los jóvenes
- Mensajes especiales para otros electores

¡Alce la voz!
Reunión Comunitaria de Swannanoa

**5 de octubre
de 2:00 p.m. a 5:00 p.m.
Grovemont Square**

¡Únase a nosotros para una tarde de
helados, amigos, vecinos y
diversión comunitaria!

Queremos saber…

¿Qué es lo que más le gusta de Swannanoa?
¿Qué cosas quisiera cambiar de Swannanoa?

¿Le gustaría conocer mejor a sus vecinos?
¿Quiere participar en la comunidad?

¿Tiene algunas ideas para mejorar nuestra comunidad?

¡Venga a nuestro evento y comparta sus opiniones
con nosotros! Visite www.workingtogether.us para
encontrar más información.

We the People: Working Together (Nosotros, el Pueblo:
Trabajando Juntos) es una labor local en Swannanoa, Carolina
del Norte que busca construir comunidad y escuchar a la gente
como usted y sus vecinos. We the People está dedicado a la
equidad, la justicia y el empoderamiento comunitario.

**Su voz tiene el poder de beneficiar a su familia y mejorar
su comunidad.**

Creemos que con conversaciones genuinas podemos
trabajar juntos para crear poder y beneficiar a todos.

¡No hay respuestas incorrectas!
Queremos eschchar lo que piensa.

Para más información: www.workingtogether.us

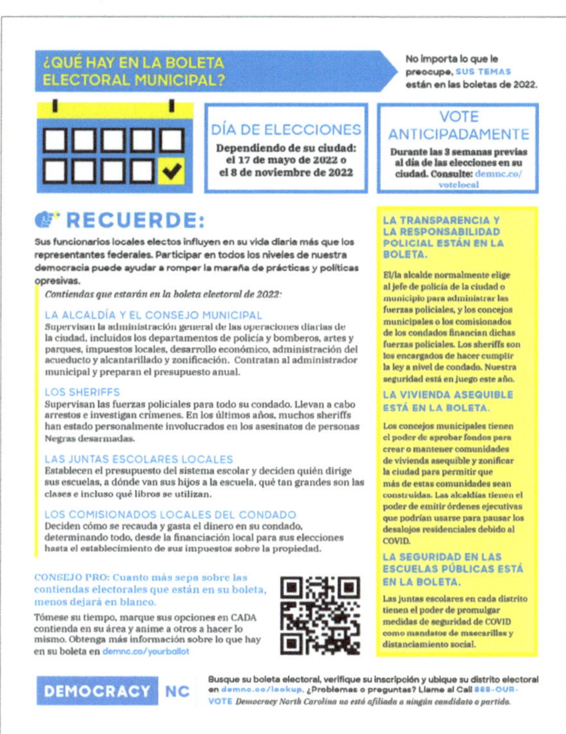

¿QUÉ HAY EN LA BOLETA ELECTORAL MUNICIPAL?

No importa lo que le preocupe, SUS TEMAS están en las boletas de 2022.

DÍA DE ELECCIONES
Dependiendo de su ciudad: el 17 de mayo de 2022 o el 8 de noviembre de 2022

VOTE ANTICIPADAMENTE
Durante las 3 semanas previas al día de las elecciones en su ciudad. Consulte: demnc.co/votelocal

RECUERDE:

Sus funcionarios locales electos influyen en su vida diaria más que los
representantes federales. Participar en todos los niveles de nuestra
democracia puede ayudar a romper la maraña de prácticas y políticas
opresivas.

Contiendas que estarán en la boleta electoral de 2022:

LA ALCALDÍA Y EL CONSEJO MUNICIPAL
Supervisan la administración general de las operaciones diarias de
la ciudad, incluidos los departamentos de policía y bomberos, artes y
parques, impuestos locales, desarrollo económico, administración del
acueducto y alcantarillado y zonificación. Contratan al administrador
municipal y preparan el presupuesto anual.

LOS SHERIFFS
Supervisan las fuerzas policiales para todo su condado. Llevan a cabo
arrestos e investigan crímenes. En los últimos años, muchos sheriffs
han estado personalmente involucrados en los asesinatos de personas
Negras desarmadas.

LAS JUNTAS ESCOLARES LOCALES
Establecen el presupuesto del sistema escolar y deciden quién dirige
sus escuelas, a dónde van sus hijos a la escuela, qué tan grandes son las
clases e incluso qué libros se utilizan.

LOS COMISIONADOS LOCALES DEL CONDADO
Deciden cómo se recauda y gasta el dinero en su condado,
determinando todo, desde la financiación local para sus elecciones
hasta el establecimiento de sus impuestos sobre la propiedad.

CONSEJO PRO: Cuanto más sepa sobre las
contiendas electorales que están en su boleta,
menos dejará en blanco.

Tómese su tiempo, marque sus opciones en CADA
contienda en su área y anime a otros a hacer lo
mismo. Obtenga más información sobre lo que hay
en su boleta en demnc.co/yourballot

LA TRANSPARENCIA Y LA RESPONSABILIDAD POLICIAL ESTÁN EN LA BOLETA.

El/la alcalde normalmente elige
al jefe de policía de la ciudad o
municipio para administrar las
fuerzas policiales, y los concejos
municipales o los comisionados
de los condados financian dichas
fuerzas policiales. Los sheriffs son
los encargados de hacer cumplir
la ley a nivel de condado. Nuestra
seguridad está en juego este año.

LA VIVIENDA ASEQUIBLE ESTÁ EN LA BOLETA.

Los concejos municipales tienen
el poder de aprobar fondos para
crear o mantener comunidades
de vivienda asequible y zonificar
la ciudad para permitir que
más de estas comunidades sean
construidas. Las alcaldías tienen el
poder de emitir órdenes ejecutivas
que podrían usarse para pausar los
desalojos residenciales debido al
COVID.

LA SEGURIDAD EN LAS ESCUELAS PÚBLICAS ESTÁ EN LA BOLETA.

Las juntas escolares en cada distrito
tienen el poder de promulgar
medidas de seguridad de COVID
como mandatos de mascarillas y
distanciamiento social.

DEMOCRACY NC

Busque su boleta electoral, verifique su inscripción y ubique su distrito electoral
en demnc.co/lookup. ¿Problemas o preguntas? Llame al Call 888-OUR-
VOTE *Democracy North Carolina no está afiliada a ningún candidato o partido.*

Queridos amigos,

En colaboración con los estudiantes de Warren Wilson, **We the People:
Working Together** ha entrevistado a más de 100 habitantes de
Swannanoa sobre nuestra comunidad, sus esperanzas y preocupaciones.

Aquí se encuentran algunos de los **temas principales** a tratar que han
expresado los miembros de la comunidad:

- Revitalización del centro de Swannanoa
- Transporte público deficiente, malas carreteras y pocas aceras
- Mejor atención médica
- Mejora de la educación pública
- Falta de inscripción y educación de votantes
- No hay suficientes parques o eventos comunitarios
- Aumento en el consumo de drogas
- Hay pocas opciones de recolección de basura y reciclaje, lo que da como resultado un aumento en la basura

**Participe en el proceso de toma de decisiones sobre problemáticas que
afectan sus vidas.** Díganos qué le gusta de Swannanoa y qué le gustaría
mejorar. Comparta su visión del futuro de este valle y cuéntenos sus
ideas para solucionar estas preocupaciones de la comunidad.

Gracias por unirse a nosotros en esta labor haciendo que su voz sea
escuchada. ¡Las personas como usted son nuestra mayor esperanza para
el futuro!

Linda Stout
Directora de proyecto en We the People

Para más información: 828-357-5566 or workingtogether@spiritinaction.net.

Información general sobre las elecciones,
Democracy NC "¿Qué hay en la boleta electoral?"
Descargue: bit.ly/3T9iYUQ

6. Capacitaciones, juegos y bingo de TAKE 10

Al principio de cada capacitación, siempre hacemos una apertura que sea significativa, para que toda la gente esté en el momento y lista para participar. Normalmente hacemos un cierre en el que la gente dice algo positivo o se le hace un agradecimiento al grupo. A veces, cuando percibimos que un grupo está perdiendo energía o está decaído, acudimos a la diversión y los juegos. ¡No olvide dejar espacio para la espontaneidad y el juego!

Pasos de acción

1. Utilice nuestro ejemplo en la página siguiente o elabore el suyo. Puede ser acerca de responder preguntas sobre las capacitaciones que ha realizado, el gobierno de la ciudad y del estado, o un tema específico.

2. Fíjese en que había cosas divertidas mezcladas con elementos de acción de capacitaciones anteriores. La idea de un "tarro de gratitud", por ejemplo, proviene de un taller de autocuidado. Se trata de un tarro o caja que se llena con un recordatorio diario de aquello por lo que se está agradecido.

3. *¡Diviértase y juegue EL BINGO!*

TAKE 10: SALGA A VOTAR

B I N G O

B	I	N	G	O
Consiga que se llenen 10 tarjetas de voluntarios.	Publique oportunidades de voluntariado sobre la inscripción de votantes/ "Sal a votar" en redes sociales.	¡Deténgase a oler las flores!	Capacite a voluntarios sobre el modelo TAKE 10 – Sesión 1.	Lea el capítulo 2 del libro *Collective Visioning*.
Haga una actividad que hacía de niño que le haga reír.	Salga a hacer una caminata relajante en la naturaleza (sin celular).	Consiga que 3 personas llenen un formulario de inscripción de votantes por internet.	Use un ejercicio del libro *Collective Visioning* en una capacitación con voluntarios.	Escriba un mensaje de agradecimiento a al menos 3 voluntarios de TAKE 10.
Lea el capítulo 5 del libro *Bridging the Class Divide* [Cómo cerrar la brecha entre la división de clases].	Familiarícese con las elecciones locales de su condado/ municipio.	¡AGRADÉSCASE A USTED MISMO!	Haga algo creativo para su autocuidado.	Pídale a la menos tres niños y jóvenes (entre 6 a 14 años) que hagan un voluntariado para la campaña "Sal a votar" (el sábado antes del día de las elecciones).
Haga que su grupo vea el video sobre la masacre de Wilmington, Carolina del Norte y tenga una conversación.	Capacite a voluntarios sobre el modelo TAKE 10 – Sesión 2.	Hable con su junta electoral sobre el número de lugares de votación que van a estar disponibles en su(s) comunidad(es).	Comprométase a enviar alertas semanales a los voluntarios.	Haga un tarro (o diario) de gratitud.
Pregúnteles a tres personas que cambios quisieran ver en sus comunidades.	Ponga música, cante una canción y baile.	Llame a 3 personas y pídales que participen como un voluntario de TAKE 10.	Haga una lista de voluntarios con correos electrónicos y direcciones postales para futura referencia.	Complete el Taller #4 de la campaña "Sal a votar" de TAKE 10.

7. Cómo enfrentar los desafíos

El cambio y el crecimiento son a menudo incómodos. Pero después, al reflexionar, nos sentimos afortunados de que hayan ocurrido. Se necesita valor para romper filas con la cultura dominante y tomar acción. Se necesita valor para reclamar nuestras voces y nuestro poder. Nuestros horizontes se amplían cuando descubrimos una forma totalmente diferente de ver algo.

Afrontar con valor los tiempos difíciles

En nuestro trabajo, nos enfrentamos a muchos tipos de desafíos. Pero nunca hablamos de los desafíos sin buscar soluciones.

En una de nuestras capacitaciones de TAKE 10, les pedimos a los participantes nombrar los desafíos que habían experimentado. Como puede adivinar, nombraron muchos, desde la provisión de sitios seguros para votar, a los temores y la intimidación hacia la comunidad latina, a los líderes individuales que son objetivo de los supremacistas blancos, hasta exigencias por parte de financiadores que terminan haciendo que la gente no pueda satisfacer las necesidades de la organización.

Nuestros participantes explicaron que no sólo se sentían inseguros debido a actores externos, sino que encontraban la oposición interna en sus comunidades. La gente tenía miedo de ir a votar en lugares donde los supremacistas blancos mostraban fuerza. "La oposición llegaba antes que nosotros", nos decían, "y ocupaba los lugares que pensábamos utilizar. Pusieron carteles. Se esparcieron y nos desplazaron".

Los miembros de la comunidad latina se preocupaban por los familiares y vecinos indocumentados. Los ciudadanos no sabían dónde ir a votar en algunos condados, porque no contaban con la información en español. ICE parecía estar al acecho en cada esquina, y nadie confiaba en la Oficina del Sheriff.

> *"Si eres neutral en situaciones de injusticia, has elegido el lado del opresor. Si un elefante tiene su pie en la cola de un ratón y tú dices que eres neutral, el ratón no apreciará tu neutralidad".*
>
> **—Obispo Desmond Tutu**

Algunos financiadores ofrecieron estipendios para pagar a los voluntarios durante las elecciones. Esto fue estupendo, pero cuando el dinero externo se agotó, las personas no querían volver a ser voluntarios de una organización en la que ya no les iban a pagar.

Al buscar soluciones a algunos de estos problemas, descubrimos que:

- La intimidación es algo que debemos tomar especialmente en serio. Una de las cosas que estamos haciendo ahora es hablar con grupos estatales y nacionales sobre cómo ofrecer protección contra los ataques e intimidaciones de los supremacistas blancos.

- También planeamos educar a los financiadores y pedirles que trabajen más estrechamente con los grupos de base para determinar lo que realmente necesitan. Los financiadores deben comprometerse a brindar protección contra la intimidación y a comprender y ser sensibles a los problemas de los voluntarios.

- Informar a los voluntarios con antelación sobre las oportunidades de pago durante años de gran actividad electoral frente a la realización de trabajo de programa con la organización para la mejora de sus comunidades sin recibir ningún pago.

- Proporcionar más información bilingüe a las comunidades latinas, y proporcionarla con más tiempo en español.

Preguntas para usted mientras trabaja en este ejercicio:

1. ¿Cómo está tu corazón?

2. ¿Cómo está tu mente?

3. ¿Están alineados?

Haga una tabla con sus propios desafíos

Haga una lluvia de ideas utilizando esta tabla.

1. Qué desafío está enfrentando en su trabajo?

2. ¿En qué momento va a saber que ha tenido éxito total en superar este desafío?

3. ¿Les pide a otras personas de su comunidad que le ayuden a resolver el problema?

4. ¿Qué tanto participan los voluntarios de TAKE 10 en estas conversaciones?

5. ¿Cuál es el plan para encontrar esa solución?

Desafíos	Soluciones
1.	¿Cómo sabré si he alcanzado el éxito?
	1.
	2.
	3.
2.	¿Qué necesito hacer a continuación?
	1.
	2.
	3.
3.	¿Cuándo lo haré?
	1.
	2.
	3.

Personas que me pueden ayuda

or cortesía de CC/MIT creativecommons.org/licenses/by/4.0/

Pasos de acció

1. Identifique a una persona o aliado con poder para que le ayude, si es necesario.

2. Si nadie viene a la mente, ¿cómo hará para encontrar a alguien?

8. Cómo evitar los estereotipos

Cuando las comunidades están en su mejor momento, aprovechan la fuerza de su diversidad. Todos aportamos al grupo diferentes experiencias vitales, formas de ser y pensar, y conocimientos. Honrar nuestras diferencias al servicio de nuestra visión compartida nos permite ampliar la confianza y el respeto mutuo, al tiempo que aprendemos a comprender más profundamente el mundo que nos rodea.

Sesgos y suposiciones

Al principio, cuando entré en el mundo del trabajo organizativo, a menudo me sentí excluida o ignorante, y menospreciada. Esto, según creía, se debía a que crecí en la pobreza y a que no contaba con educación universitaria. A menudo, no sentía que fuera inteligente y, sobre todo, nunca pensé que pudiera ser una líder. Incluso hoy, después de haber sido directora ejecutiva de organizaciones durante 38 años y de haber enseñado en varias universidades, todavía puedo sentirme "estúpida" por la forma en que algunas personas hablan o por las suposiciones que hacen sobre quién soy con base en mis orígenes.

Aprovechar lo que cada generación tiene que ofrecer e incorporar todas nuestras experiencias, energía y liderazgo es la forma de combatir el pensamiento simplista de los estereotipos. Podemos unir las lecciones del pasado con el poder del presente y nuestros sueños sobre el futuro.

Preguntas para que se haga mientras trabaja en este ejercicio:

Es importante tener relaciones intergeneracionales dirigidas y centradas en los jóvenes para que se escuchen todas las voces.

1. ¿Cuáles son algunos de los estereotipos de la generación opuesta que usted tiene en relación con la ética en el trabajo y el trabajo organizativo?
— Si es una persona joven, hable de los mayores.
— Si es mayor, hable de los jóvenes.

2. ¿Ha sido esa su experiencia real?

3. ¿Por qué sí o por qué no?

¿Qué es un estereotipo?

- Una idea preconcebida que atribuye características particulares y generaliza sobre todos los miembros de un grupo.

- Una imagen exagerada de una persona o grupo, que permite poca variación o diferencias individuales, una caricatura.

- Creencias simplistas y binarias sobre lo que caracteriza a un determinado grupo de personas.

Cómo hacen los estereotipos binarios para simplificar demasiado un mundo complejo

Votante	No-votante
Mayor	Joven
Blanco	Personas indígenas o de grupos racializados
Participativo	Desentendido
Ciudadano	Sin documentos
Maestro	Estudiante
Progresista	Conservador
Lector	Analfabeta
Pobre o de ingresos bajos	De clase media o adinerado
Sin educación formal (sin universitaria diploma de secundaria, o posiblemente con diploma de secundaria sin universidad)	Con educación

Fortaleza en nuestra diversidad

Este ejercicio de Entrar al Círculo es una poderosa herramienta para que la gente empiece a verse entre sí y piense sobre los estereotipos que pueden tener. Sólo se demora unos minutos y suele ser muy significativo para los que participan. Siempre mencionamos la categoría más oprimida, como los jóvenes, las personas de razas diferentes a la blanca, de bajos ingresos. Incluso lo hicimos en una llamada de Zoom, donde la gente levantó la mano.

Haga una lista de las identidades *excluidas* que sabe que sus participantes poseen:

1. Identidades étnicas (por ejemplo, Negro, nativo estadounidense, latino)

2. Clase socioeconómica (por ejemplo, bajos ingresos, clase trabajadora)

3. Orientación sexual e identidades de género (por ejemplo, LGBTQ)

4. Identidades mentales, emocionales, sociales y físicas (por ejemplo, discapacidad física, enfermedad mental)

5. Edad (por ejemplo, mayor de 65 años, menor de 20)

6. Identidades religiosas o espirituales (por ejemplo, musulmana, judía)

7. Lengua materna (por ejemplo, español, árabe)

8. Ciudadanía (por ejemplo, inmigrante)

Pida a las personas que "entren en el círculo" (o que levanten la mano en las videoconferencias) cuando se nombre un grupo específico con el que decidan identificarse. La identificación es voluntaria. Pide a las personas que entren en el círculo para identificar, hacer una pausa y mirar a su alrededor para ver quién está en el círculo con usted y quién no. Quédese al menos 10 segundos en el círculo. Esto se hace en silencio. Luego el facilitador le pedirá a la gente que se salga de nuevo.

Nombre una identidad excluida a la vez. Antes de seguir a la siguiente categoría, pregunte si ha dejado a alguien por fuera.

Preguntas para que el grupo considere:

1. ¿Qué fue lo que más le sorprendió?

2. ¿Qué tan seguido entró al círculo? ¿Cómo le hizo sentir eso?

3. ¿Qué observó sobre el grupo en general?

4. ¿Tiene algún sentimiento nuevo o alguna idea ha cambiado sobre su propia identidad?

5. ¿Tiene alguna pregunta sobre la identidad que queda con usted después de esta experiencia? ¿Cuáles?

6. ¿Cómo nos fortalece la diversidad de las identidades excluidas presentes en la actividad?

Pasos de acción

1. Comprométase a estas mejores prácticas en su trabajo para fortalecer la diversidad y evitar los estereotipos.

— Honestidad: procure tener una comunicación abierta; piense sobre cómo se muestra y como es su relación con los demás.

— Rinda homenaje al hecho de que todos somos expertos en nuestras propias experiencias.

— Tenga en cuenta en sus planes que un proceso puede ser desordenado — intente estar cómodo en un lugar incómodo.

— Conviértala en una oportunidad de aprendizaje para todos.

— Rinda homenaje a la historia y tradiciones del grupo y del trabajo organizativo.

— Reconozca que el cambio es inevitable.

— Comparta comidas de cada cultura.

— Comparta sus historias y experiencias.

— Tenga paciencia, demuestre cariño.

— Practique la redirección positiva de declaraciones despectivas. Ayude a la gente a entender las declaraciones erróneas hechas por accidente.

— Garantice que los jóvenes se sientan apoyados.

RECURSOS

Guía para trabajar en grupos diversos de Spirit in Action
Descargue en bit.ly/3Kfomyt

9. Cómo convertirse en un mejor líder

¿Cómo acogemos los desafíos que hoy enfrentamos, así como las promesas del futuro?
Para hacer esto debemos liderar con esperanza y optimismo, y con una visión colectiva.

Aunque algunos de nosotros cumplimos funciones diferentes, todos somos líderes. Algunos lideran al frente, algunos desde adentro, y algunos lideran mientras siguen. Pero a menos que lideremos de una manera que esté basada en nuestros valores y que lidere con el ejemplo de lo que estamos tratando de construir, no seremos capaces de crear el cambio que deseamos.

Las acciones consideradas evitan la polarización. Es la forma en que podemos conectarnos de una manera más profunda y amplia a lo largo de un amplio espectro de temas y preocupaciones, y se construyen movimientos sociales vibrantes que son mayores que la suma de sus partes.

Acoger lo que podemos lograr y lo que parece difícil

Muchas de las personas que han pasado por las capacitaciones de Spirit in Action han sentido que no tienen voz, poder o capacidad para ser líderes. Pienso sobre todo en los jóvenes, algunos sólo empezando la secundaria, así como en los estudiantes universitarios. Hubo dos voluntarios de VISTA que asistieron a una de nuestras capacitaciones de liderazgo; me dijeron: "No podemos llevar este material y utilizarlo ahora mismo con nuestros voluntarios. Están demasiado enojados y polarizados".

Les mostramos que era justo lo que necesitaban hacer, y les enseñamos cómo dirigir sus próximas sesiones con los voluntarios, y como hacer que los voluntarios de VISTA contaran sus historias en primer lugar, y a pasar por los pasos de la visión a la acción. ¡Nos informaron que funcionó! Cambió totalmente la dinámica dentro de su grupo.

Se trata de construir un poder y un liderazgo que permita a la gente participar en las elecciones nacionales, estatales y locales. Los programas de "Sal a votar" y de inscripción de votantes se convierten en parte del trabajo a largo plazo de un grupo. En efecto, la campaña "Sal a votar" y la inscripción de votantes forman parte de la "caja de herramientas" que las organizaciones utilizan para hacer su trabajo, independientemente de su enfoque. Los líderes pueden llevar esta atención a todos los aspectos de su trabajo.

Liderar con esperanza, optimismo y visión nos ayuda a crear una cultura diferente en la forma de hacer nuestro trabajo que sea sostenible, solidaria y alcanzable. Lo que he aprendido al capacitar a personas en el liderazgo es que el verdadero cambio empieza conmigo, con usted. Mientras no tengamos la capacidad de acoger nuestras propias visiones, nuestra propia capacidad de trabajar desde un lugar visionario y basado en las relaciones, no podremos enseñar a los demás. Y para tener éxito, puede que tengamos que cambiar nuestra forma de liderar.

1. ¿Cuáles son sus fortalezas y cualidades como líder?

2. ¿Qué le gustaría fortalecer y mejorar sobre su liderazgo?

Una de las herramientas en la caja de herramientas

Para comenzar, dibuje un círculo grande y divídalo en muchas secciones, como una tarta. Pregúntele a la gente cuales creen que son las cualidades y fortalezas de un buen líder. Luego pídales que nombren todas estas cosas y que las escriban en las secciones. Cuando miramos todas las cosas y preguntamos quién tiene estas habilidades, ¡nadie va a levantar la mano!

Luego preguntamos, ¿cuáles son los **atributos de un buen líder**?
Estas son algunas de sus respuestas:

- Reconoce el liderazgo en otras personas y les da espacio para liderar
- Es capaz de hablar con líderes electos y hablar en público
- Escucha bien
- No teme apoyar las ideas y crecimiento de los demás y tampoco compartir el poder
- Sabe mucho sobre el tema
- Escucha las ideas de los demás y hace que todos se sientan incluidos.
- Saca lo mejor de todos
- Aprovecha las habilidades y capacidades de todas las personas en la organización
- Un buen líder también debe ser un buen seguidor —acepta la retroalimentación y escucha a los demás
- Compasivo
- Capaz de recaudar fondos y hablarles a los donantes
- Guía a las personas hacia la dirección que deben seguir
- Dispuesto a compartir información con otras personas
- Un pensador, tiene visión, ve a la gente en los lugares donde pueden ofrecer un mejor servicio
- Reflexiona —analiza lo qué funcionó y lo que no, y la capacidad de ajustarse
- Brinda elogio cuando se necesita y también corrige
- Desafía a los demás y tiene tolerancia para los errores
- A medida que las personas enfrentan sus errores, el líder encuentra maneras de empoderar a los demás y fortalecerlos
- Aprende de los demás: está dispuesto a aceptar el conocimiento de otros y a que le enseñen

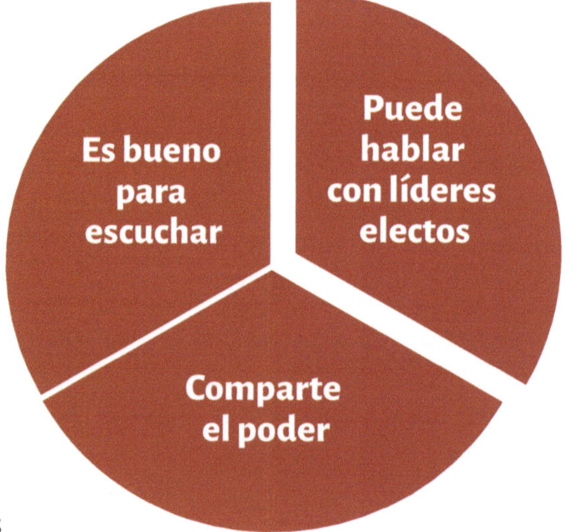

Luego vamos a cada pedazo del pastel y preguntamos, ¿quién puede hacer esta parte? A medida que llenamos varios nombres, empieza a surgir un panorama —tenemos casi todas, o todas, las habilidades de liderazgo que necesitamos dentro del grupo.

Después, identificamos si hay algunos de los atributos para los que necesitamos capacitación. También preguntamos quién quiere trabajar con un grupo de liderazgo para aprender esas habilidades de liderazgo. Esto nos permite decidir qué tipo de capacitaciones de liderazgo necesitamos, pero más que todo, empodera a todos y les permite ver cómo pueden ser líderes.

Pasos de acción

1. Ponga este "ejercicio de tarta" en su caja de herramientas!

Aquí hay algunas de las más importantes cualidades de liderazgo. Con estas habilidades, usted puede aprender cualquiera de las otras.

Lea más aquí: bit.ly/3Ehdi3e

RECURSOS

Abrams, Stacey. (2018). *Minority Leader: How to Lead from the Outside and Make Real Change*. [*Líder minoritaria: Cómo liderar desde afuera y lograr un cambio real*]. New York: Henry Holt and Co.

10. Seguridad comunitaria

Estamos viviendo una época en la que la seguridad de la comunidad está siendo reimaginada y redefinida ante nuestros ojos. Como afirma el movimiento las Vidas Negras Importan [en inglés "Black Lives Matter"]: "Si hay algo que sabemos que es cierto, es que somos nosotros quienes nos mantenemos a salvo, no la policía ni las autoridades". Tenemos que hacer lo que siempre hemos hecho: cuidarnos y cuidar los unos a los otros, y hacerlo también en las urnas.

La fuerza está en los números

Tengo muchas historias de personas que vinieron a ayudarnos en el Piedmont Peace Project cuando estábamos bajo presión durante unas elecciones. En un momento dado, un prominente ministro, William Sloane Coffin, organizó un autobús lleno de gente de Washington, D.C. para venir a ofrecer protección como presencia externa. También trajo a la prensa nacional. El reverendo Coffin dormía justo delante de la puerta principal del tráiler mío y de mi madre.

Para otra importante elección presidencial en Asheville, necesitábamos un gran flujo de voluntarios que vinieran a ayudarnos. Llamamos a una línea telefónica nacional y en una hora llegó un autobús lleno de voluntarios de Carolina del Sur.

Es importante pensar "fuera de lo convencional" cuando se trata de encontrar personas que tengan un gran número o influencia para llamar la atención. A menudo, un grupo de ministros puede proporcionar esto, o tal vez usted puede pensar en otros que puedan venir a su área. Incluso un grupo de una ciudad, como Raleigh o Durham, puede haber preparado a su gente y haber votado anticipadamente para poder venir a ayudar a su condado. Tener prensa externa siempre es útil.

Esté preparado para los posibles problemas que puedan surgir, como por ejemplo:

- La intimidación.
- Los supremacistas blancos reunidos en camionetas con armas.
- Que le digan a la gente que no está en la lista de registro. Que les hagan completar una boleta provisional y que luego comuniquen esto a la línea de atención.
- Filas demasiado largas.

¿Se están alargando demasiado las filas para votar?

Usted puede:

1. Ofrecer servicios de cuidado de niños y juegos para mantener a los niños ocupados. Colocar una mesa de arte o un lugar donde los jóvenes puedan hacer las tareas mientras sus padres esperan para votar.

2. Encontrar personas en la fila que hagan que la gente empiece a cantar mientras espera.

3. Ofrecer alimentos, agua, un teléfono y suministros que la gente pueda recoger o utilizar antes de empezar a hacer la fila. Debido a las nuevas leyes de algunos estados, como Carolina del Norte, no podemos repartir agua o comida en las filas, pero podemos tenerlas disponibles para que la gente las recoja en las carpas de seguridad que se montan en los lugares de votación.

4. Mantenga sillas plegables para personas mayores o discapacitadas.

5. Asegúrese de que la gente tenga una tarjeta que le indique qué hacer si tiene problemas para votar.

6. Tenga un experto digital disponible en caso de que las computadoras (con las listas) sean hackeadas.

7. Anime al mayor número posible de personas a votar de manera anticipada.

Preguntas para que se haga mientras trabaja en este ejercicio:

1. ¿Cuáles son todos los escenarios que puede imaginar, las cosas que pueden salir mal?

2. ¿Qué va a hacer para estar preparado?

3. ¿Cómo se va a asegurar de que sus voluntarios — en las urnas o en el campo — se sientan apoyados el día de las elecciones?

Estrategias de seguridad comunitaria

Utilice esta tabla para hacer una lluvia de ideas sobre lo que haría usted y su grupo.

Situación	Ideas posibles	Qué podría hacer
Ayudar a las personas en los hogares de personas mayores a votar	Ofrecer boletas para votar por correo, transporte a las urnas, sillas plegables para las filas largas.	
Cronograma para cambios de voto en progreso	Educación temprana sobre boletas de voto ausente	
Situación de seguridad	Tratar de disminuir las tensiones. (No llame a la policía al menos que definitivamente sea una emergencia).	
Direcciones confusas o un lugar de votaciones desconocido	Avisos móviles mostrando a dónde ir, en dónde está la carpa de seguridad y a quién se puede llamar en caso de encontrar problemas.	
Amenazas anticipadas	Comunicarles a otras personas que lo que usted está haciendo. La gente puede usar teléfonos afuera de los lugares de votación para documentar con fotos y video.	
La seguridad está en los números	Siempre ande con un compañero. Nunca vaya solo. Escriba teléfonos de emergencia en su cuerpo, y asegúrese que no se puedan borrar.	

Lidiar con la información falsa: Es una táctica que busca separarnos

Me acuerdo que a finales de la década de 1980, el Piedmont Peace Project organizó una rueda de prensa para anunciar que planeábamos demandar al estado de Carolina del Norte por negarnos de manera ilegal el acceso a la inscripción de votantes en propiedad pública. El siguiente día el fiscal del estado publicó una declaración falsa en la que declaraba que el estado no nos había negado este acceso y que estaba considerando una contrademanda ante el PPP por presentar, lo que él llamaba, una demanda poco seria.

El periódico local apoyó al fiscal y publicó un ataque malicioso contra el PPP, a pesar de que les habíamos entregado pruebas de la verdadera historia: copias de las cartas del fiscal del estado con las que se negaba nuestro derecho a inscribir votantes. El periódico se negó a publicar una retracción o a publicar la verdad.

Inmediatamente, nuestros miembros se sintieron sin poder. Algunos estaban dispuestos a rendirse. Muchos incluso creyeron los informes de los periódicos y pensaron que de alguna manera habían sido engañados.

Organizamos una reunión de emergencia para reunir a todos y hablar de cómo se sentían. Luego le pedimos a la gente que pensara en una ocasión en la que el periódico hubiera hecho declaraciones falsas. Con este periódico, ¡había muchas! De repente, la energía cambió cuando la gente empezó a compartir sus historias sobre las falsas acusaciones del periódico, los insultos y el miedo y el odio del periódico en torno al trabajo organizativo sobre los derechos laborales y civiles.

Nuestra victoria había amenazado a los poderosos.

Discutimos con nuestros miembros por qué éramos una amenaza para los que estaban en el poder. La gente se dio cuenta de que habíamos conseguido desbancar a algunos políticos locales que eran conocidos miembros del KKK. Por primera vez, nuestra comunidad había elegido a personas de razas diferentes a la blanca.

Volver a nuestra visión y plan

Nos organizamos para difundir el mensaje verdadero a través de las iglesias y los grupos comunitarios. Juntos, pudimos darle la vuelta a esta potencial catástrofe y celebrar una poderosa victoria contra el estado. Al final, el periódico tuvo que contar la historia real.

A estas alturas sabemos que Facebook, Twitter e incluso TikTok, así como los sitios de la web oscura, pueden estar plagados de información falsa. Respiremos profundamente y volvamos a comprometernos con nuestra visión colectiva del mundo en el que queremos vivir mientras seguimos haciendo el trabajo duro y necesario para difundir la historia correcta. Si usted asiste a las reuniones de la Junta Electoral, puede determinar en quién confiar para obtener información sobre el voto. También puede escuchar las problemáticas que se plantean. Supervise sus redes sociales para asegurarse de que comparta la información correcta en todo momento.

Todo esto es para decirles que no podemos rendirnos ahora.

Pasos de acción

1. Elabore una tarjeta para ofrecer a la gente en la que se indique a quién llamar o como pueden informar sobre problemas.

2. Asegúrese de incluir información como nombres y números de teléfono.

3. Organice "mesas de seguridad" y carpas en donde la gente pueda conseguir meriendas, agua y consejos.

4. Manténgase positivo y alerta.

Alcance a las personas mayores y sin hogar
Camaradas: todos los aliados y amigos, como Blueprint NC
Servicios juveniles
Llamar a la Junta Electoral, sea estatal o local
Crear carpas y mesas de seguridad en lugares de votación
Funcionarios de salud y seguridad voluntarios
Llamar a la línea de ayuda electoral
Llamar a abogados disponibles
Mantener segura a la comunidad

Sus ideas para la seguridad de su comunidad

RECURSOS

Tarjetas postales y volantes para indicarle a la gente a quién llamar o cómo reportar problemas: Guía de votación de Asheboro, p. 4 — bit.ly/31VNBax

Democracy NC "Mapas justos" — bit.ly/30xdqNg

11. Autocuidado

Como activistas de justicia social y líderes religiosos, todos nosotros cuidamos de algo en nuestro trabajo. Cuidamos a nuestra comunidad, nuestros miembros, nuestra familia y probablemente a otras personas.

Este ejercicio le permitirá entender mejor cómo practicar el autocuidado en los momentos en los que se pueda enfrentar al agotamiento, incertidumbre y sufrimiento.

Es tan importante enfocarse en el autocuidado. Me acuerdo de que, cuando tenía 27 años, trabajaba tanto que me acercaba a un estado de agotamiento físico y mental, pero sentía que no podía parar. Tomé un fin de semana solo para mí, y me fui a una cabaña pequeña en el bosque. Una mañana, me senté junto a un arroyo con mis pies en el agua. Recordé lo tanto que el agua me rejuvenecía.

Yo crecí sin servicio de agua potable. Teníamos que caminar muy lejos para sacar agua de un pozo y no teníamos agua para bañarnos en la bañera. Decidí que mi práctica debía ser tomarme un baño lujoso todos los días. ¡He hecho eso por los últimos 40 años y creo que algunas de mis mejores ideas vienen durante esa parte del día!

Cortesía de Laura Heartlines

1. Una azafata nos dice que nos pongamos nuestra propia máscara de oxígeno primero antes de ayudar incluso a nuestro propio hijo. ¿Por qué debe ser así?

Un compromiso con usted mismo y con los demás

En un grupo de capacitación TAKE 10, una persona nos dijo, "Si no me cuido, me desquito con otros". Pregúntese cómo practica el autocuidado, o hágale esta pregunta a su grupo. Observe y escriba cuando se sienta empoderado, relajado o con energía. ¿Qué hizo para sentirse así?

¡Haga un esfuerzo para incorporar esto a su rutina diaria o semanal! Esto ayuda a procesar todo lo que sucede alrededor de nosotros.

A mis compañeros nadadores:

Hay un río que ahora fluye muy rápido. Es tan grande y tan veloz que hay quienes le temen.

Van a intentar agarrarse del borde, sentirán que están siendo destrozados y sufrirán enormemente.

Sepa que el río tiene su propio destino.

Los mayores dicen que debemos dejar el borde, irnos a la mitad del río, mantener nuestros ojos abiertos y nuestras cabezas encima del agua; y yo opino que debemos mirar quién está ahí con nosotros y celebrar.

En este momento de la historia, no debemos tomar nada personal, menos a nosotros mismos. Porque en el momento que lo hagamos, nuestro crecimiento y camino espiritual se detiene. El momento del lobo solitario se acabó:

¡Reúnanse! Destierren la palabra "forcejeo" de su actitud y su vocabulario.

Todo lo que hacemos ahora se debe hacer de una manera sagrada y con una celebración.

Nosotros somos los que hemos estado esperando

— Un mensaje de los ancianos hopi

1. Relájese, llame a algunos amigos.

2. Sea positivo.

3. Compruebe cómo están sus vecinos.

4. Coma verduras frescas.

5. Aprenda técnicas de respiración.

6. Haga ejercicio: cree su propio programa o camine con un amigo.

7. Use aceites esenciales o velas.

8. Preste atención a su propio cuerpo.

9. Utilice su calendario para programar descansos.

10. Adhiérase a un horario para dejar de trabajar: un horario en el que no lo molesten y no acepte llamadas.

11. Celebre con los demás.

12. Haga una breve caminata después del almuerzo o en la mitad de su jornada laboral

---

RECURSOS

Solomon, Akiba, & Rankin, Kenrya (2019). *How we fight white supremacy: A field guide to Black resistance.* [*Cómo combatimos la supremacía blanca: una guía de campo para la resistencia Negra*]New York: Nation Books, Bold Type Books.

Celebración: Reflexiones finales

En cada momento de nuestro trabajo, intentamos encontrar formas de celebrar y honrar a nuestros voluntarios. Las celebraciones no tienen por qué ser siempre eventos enormes. En el Piedmont Peace Project, todos los viernes a las 3 p.m. parábamos de trabajar, poníamos meriendas y bebidas, e invitábamos a la gente que acababa de salir de trabajar de las fábricas textiles a que nos acompañara. Cantábamos (incluso formamos nuestro propio coro de góspel), tocábamos música y bailábamos, y siempre celebrábamos a uno de los voluntarios.

Al final de cada elección, organizamos una cena de celebración. Todos los voluntarios que habían trabajado con nosotros recibieron un certificado en honor a sus logros. La gente dio testimonios sobre lo que había aprendido a través de sus experiencias.

No puedo dejar de recalcar lo mucho que las celebraciones mantienen a los voluntarios comprometidos y entusiasmados con el trabajo. También ayuda a crear amistades y ofrece la sensación de seguridad de que otras personas lo conocen y se preocupan por usted.

Si alguien estaba enfermo o tenía un familiar enfermo o que había fallecido, siempre reuníamos una cesta de regalo con artículos de autocuidado. Enviábamos comida, y el personal y los voluntarios se aseguraban de que ellos y/o la familia fueran visitados y reconfortados.

A menudo, organizábamos celebraciones comunitarias—una preparación de pescado frito, una fiesta con helados—con una divertida banda local que brindaba la música. Había actividades para los niños. Se invitaba a toda la comunidad, ¡pero siempre había alguien sentado en una mesa a la entrada para asegurarse de que todo el que lo necesitara pudiera inscribirse para votar!

Asegúrese de incluir siempre diversión en cada reunión y actividad. Puede terminar con una canción y un baile. O pedirle a la gente que haga una ronda de agradecimientos. Pídales que digan una sola cosa que se vayan a llevar consigo durante la semana. Luego celebre lo que escuche.

Que la alegría forme parte de todo lo que hace.

> **"No existe tal cosa como la lucha por una única problemática, porque no llevamos una vida de una única problemática.**
>
> **Nuestras luchas son particulares, pero no estamos solos.**
>
> **Lo que debemos hacer es comprometernos con un futuro que pueda incluirnos a todos y trabajar hacia ese futuro con las fuerzas particulares de nuestras identidades individuales".**
>
> *—Audre Lorde*